PREM RAWAT

PREM RAWAT

ist ein weltweit geschätzter, inspirierender Redner und Friedensbotschafter. Er wurde 1957 in einem kleinen Ort in der Nähe von Haridwar in Nordindien geboren. Schon früh war es Rawats Vision, persönlichen Frieden und Mitmenschlichkeit auf allen Ebenen zu leben und zum Nachdenken zu motivieren. Er sagt: »Wir reden immer über das Bedürfnis nach Wohlstand.

6

Nach meinem Verständnis ist Wohlstand ohne innere Zufriedenheit, ohne eine mitmenschliche Haltung Chaos.« Rawat spricht Menschen aus allen Lebensbereichen an, unabhängig von Alter, Bildung, Weltanschauung und Status. Seine über 40-jährige Vortragstätigkeit führte ihn in mehr als 250 Städte der Welt. Mit seinen Weisheiten erreichte er bisher über 15 Millionen Menschen. Seine Gedanken und Bücher wurden in mehr als 75 Sprachen übersetzt.

Prem Rawat erhielt zahlreiche Friedenspreise und gründete 2001 eine eigene Stiftung, die sich für bessere Lebensbedingungen und Frieden in den ärmsten Regionen der Welt einsetzt.

www.premrawat.com

ZUR EINSTIMMUNG

Der undichte Krug

Es lebte einmal ein Gärtner tief in den Bergen. Tag für Tag machte er sich auf den Weg hinunter ins Tal und füllte am Fluss zwei Tonkrüge mit Wasser für seinen Garten.

Die Wasserkrüge befestigte er an den Enden einer Holzstange und balancierte damit den steilen Pfad wieder hinauf. Es war eine mühevolle Arbeit, doch der Mann kümmerte sich mit großer Freude um seinen Garten.

An einem heißen Sommertag beschloss er, auf halbem Weg nach oben eine Rast einzulegen. Beim Absetzen seiner schweren Last traf er versehentlich auf einen kleinen Stein, der einen winzigen Riss in einen der beiden Krüge zog.

Einige Monate später, der Gärtner hatte sich gerade zu einem Nickerchen unten am Fluss ausgestreckt, sagte der heile Krug zu dem undichten Krug: »Du bist zu nichts nutze.«

»Wie meinst du das – zu nichts nutze?«, fragte dieser.

»Du hast einen Riss. Unser Besitzer schleppt uns Tag für Tag mit viel Mühe zu seinem Garten, aber wenn wir dort ankommen, hast du das meiste Wasser schon verloren.«

Der kaputte Krug wurde sehr traurig, als er das hörte, und am nächsten Tag wurde der Gärtner auf ihn aufmerksam.

»Warum bist du so traurig, mein Freund?«, fragte er den Krug.

»Tag für Tag füllst du mich mit Wasser, und dann steigst du unter großen Mühen den Berg wieder hinauf. Aber wenn du am Garten angekommen bist, ist das meiste Wasser bereits ausgelaufen.«

»Das stimmt, du bist undicht«, sagte der Gärtner. »Aber weißt du denn, was das bedeutet?«

»Es bedeutet einfach, dass ich nutzlos bin. Ich soll als Wassergefäß dienen – doch diese Aufgabe kann ich nicht mehr richtig erfüllen«, erwiderte der Krug und wurde immer trauriger.

»Dann sage ich dir jetzt etwas sehr Schönes: Hast du dir schon einmal den Weg nach oben zum Garten genauer angeschaut?«, fragte ihn der Gärtner.

»Dank dir ist die eine Seite des Weges voller bunter Blumen, denn als ich bemerkte, dass du Wasser verlierst, habe ich angefangen, Blumensamen am Wegesrand auszustreuen. Jetzt ist der Weg in den schönsten Farben geschmückt, und die Bienen kommen von überall her und sammeln Nektar von den Blüten. Du bist also ganz und gar nicht nutzlos.«

DU

Weißt du, wer du bist?

Die Frage klingt für dich
vielleicht merkwürdig,
aber deine wahre Geschichte
beginnt erst dann,
wenn du fühlst,
was in deinem Inneren
vor sich geht.

Wenn dieses Leben deine Geschichte ist, würdest du nicht wollen, dass es eine interessante Geschichte ist?

Manche Menschen wünschen sich ein abenteuerliches Leben. Sie wollen den Himalaja besteigen oder Dinge tun, die noch kein Mensch vor ihnen getan hat. Doch das größte aller Abenteuer ist, nach innen zu schauen und das wahre Selbst kennenzulernen, das sich niemals ändert, so alt wir und unser Körper auch werden.

Du begleitest dich selbst dein ganzes Leben lang, aber bist du auch dein Freund? Bist du bereit, darauf zu hören, was du wirklich willst? Auf etwas, das du dir immer gewünscht hast, auf einen Wunsch, der bislang nie erfüllt wurde?

Wenn du das spüren kannst, dann bist in der Lage, deine eigene Geschichte zu schreiben.

Du kennst die Menschen um dich herum,
aber kennst du dich auch selbst?

PATIENT: Herr Doktor, ich habe Schmerzen.

ARZT: Wo tut es denn weh?

PATIENT: Überall. Wenn ich meinen Kopf anfasse, tut es weh, wenn ich meinen Kiefer anfasse, tut es weh. Oder mein Ohr, mein Bein – überall habe ich Schmerzen.

ARZT: Ich glaube, Sie haben sich den Finger gebrochen.

Hast du an deiner Beziehung zu dir selbst gearbeitet?
Oder war es dir wichtiger, was andere von dir denken?

Wir machen uns Gedanken darüber, wie unsere
Nachbarn und Kollegen uns sehen. Wir haben gelernt,
uns, unseren Status und unseren Erfolg mit den
Maßstäben dieser Welt zu messen.

Wichtig ist, wie wir uns mit uns selbst fühlen. Wenn wir
uns gut fühlen, sind wir mit uns selbst im Einklang –
oder nicht?

Verschwende keinen einzigen Moment mit dem
Vergleich. Beginne, deinem Inneren zu lauschen und
lerne diesen »Gefährten«, diese Stärke kennen.

**Begreife, was in dir selbst
vor sich geht.**

Die Kokosnuss

Jede noch so kleine und unbewohnte Insel in den Tropen hat ihre eigene Kokospalme. Doch wie ist die Kokosnuss dorthin gekommen? Sie hat eine unglaubliche Reise unter wahrhaft widrigen Bedingungen zurückgelegt – ohne Landkarte oder GPS, ganz ohne Segel und auch ohne Motor. Und doch trägt diese kleine Kokosnuss alles in sich, was sie für die Reise braucht. Sie benötigt Wasser, um im Meer zu überleben und zu sprießen, wenn sie am neuen Uferland ankommt. Sie ist zwar auf ihrer Reise ständig von Wasser umgeben, doch das Salzwasser des Meeres nützt ihr gar nichts. Aus diesem Grund bringt sie ihr eigenes süßes Wasser mit. Die Schale gibt der kleinen Kokosnuss den nötigen Schutz auf ihrem Weg, und sie ragt gerade weit genug aus dem Wasser heraus, um den Wind einzufangen und davonzusegeln.

Die Kokosnuss beweist mit ihrer Reise ins Unbekannte großen Mut. Sie fiel von der Kokospalme ins Wasser, wurde von der Brandung hin- und hergeschüttelt, und immer wieder versuchte sie, hinaus aufs offene Meer zu gelangen. Solange, bis sie es endlich geschafft hatte.

Und nun segelt sie mit dem Wind und lässt sich von der Strömung tragen. Inmitten des weiten Ozeans mit seinen hohen Wellen zeigt die kleine Kokosnuss keine Angst.

Wir Menschen bauen riesige Tanker, doch wenn ein Sturm aufzieht, laufen diese großen Schiffe den nächsten Hafen an, bis das Unwetter vorüber ist. Nicht so die kleine Kokosnuss. Sie lässt sich vom Auf und Ab der Wellen tragen und macht sich den Sturm auf ihrer weiten Reise zunutze. Solange, bis sie eines Tages von der Flut an ein neues Ufer gespült wird. In aller Ruhe beginnt sie, dort Wurzeln zu schlagen. Und nach einiger Zeit wird eine andere kleine Kokosnuss bereit sein, die Segel zu setzen.

Unsere kleine Kokosnuss schöpft ihre Möglichkeiten voll aus, ergreift ohne zu zögern jede Gelegenheit und findet ihre Nische – den Ort, an dem sie leben kann.

Auch in uns steckt alles,
was wir brauchen,
um unsere eigene Nische zu finden,
um mutig zu sein und
einen Ort in uns zu entdecken,
an dem wir mit uns
im Einklang sein können.

FREIHEIT

Triff deine Entscheidung mit Klarheit,
dann setze sie in die Tat um.

Entwickle ein Gespür dafür,
was in deinem Inneren vor sich geht,
und mach das zur Grundlage
deines Lebens.

Wir alle müssen in unserem Leben Entscheidungen treffen. Selbst in den aussichtslosesten Situationen. Manchmal kann das schwer sein, doch jeder von uns verfügt über eine eigene besondere Kraftquelle. Wenn wir diese Quelle nicht kennen, meinen wir, anderswo jemanden suchen zu müssen, der uns helfen soll. Doch wir müssen gar nicht suchen, weil wir selbst diese unermessliche Kraft im Inneren besitzen – wir müssen sie nur erkennen und annehmen.

Ich habe Menschen in den schwierigsten Lebenssituationen gesehen, die man sich vorstellen kann. Menschen, die völlig am Boden waren. Ich besuchte Gefängnisse und sprach dort mit Menschen, die keine Aussicht darauf hatten, diese Mauern jemals wieder zu verlassen. Kein Privatleben. Ständig lag Gewalt in der Luft. Eine fatale Situation. Doch ich habe auch erlebt, wie genau diese Menschen eine Kraft in sich fanden und aufblühten. Es war kein Traum, keine schöne Wunschvorstellung, sondern Wirklichkeit.

Glauben ist ein wenig wie in einer Schlange zu stehen, ohne jemals zum Schalter vorzudringen. Viele andere Menschen stehen mit dir an und warten darauf, dass etwas Außergewöhnliches passiert, wenn sie endlich vorne angekommen sind; dass jemand Besonderes erscheint, der all ihre Probleme löst.

Du selbst aber hast die besten Voraussetzungen dafür, deine Probleme zu lösen. Wenn du gelernt hast, klar zu sehen, gute Entscheidungen zu treffen und diese in die Tat umzusetzen, dann musst du nicht mehr an etwas glauben, das *vielleicht* passieren wird – oder eben auch nicht.

Nutze deine Stärke,
sei ernsthaft und
erkenne dein wahres Ich,
das innere Selbst.

Auf dieser starken Grundlage
triff deine Entscheidungen
und fang an,
sie in die Tat umzusetzen.

Zwei Ameisen

Eines Tages liefen sich zwei Ameisen über den Weg. Die eine lebte auf einem Zuckerberg, die andere auf einem Salzberg.

»Ich habe dich hier noch nie gesehen«, sagte die Salzameise. »Wo kommst du her?«

»Vom Zuckerberg«, erwiderte die Zuckerameise.

»Zuckerberg? Was ist das – Zucker?«, fragte die Salzameise.

»Zucker ist köstlich und süß. Schon der Gedanke daran lässt mir das Wasser im Mund zusammenlaufen. Hast du wirklich noch nie Zucker gegessen?«

»Bei uns gibt es nur Salz. Man kann es essen, aber es macht sehr durstig. Was du vom Zucker erzählst, klingt sehr gut.«

»Besuch mich doch mal auf meinem Zuckerberg, dann kannst du selber probieren, wie gut er schmeckt.«

Die beiden Ameisen verabredeten sich auf dem Zuckerberg. Die Zuckerameise beschrieb der anderen den Weg dorthin.

Als der Tag des Besuchs näher rückte, kam die Salzameise ins Nachdenken.

»Was mache ich, wenn mir nach der weiten Reise der Zucker nicht schmeckt und ich hungrig bleibe? Ich werde mir für alle Fälle etwas Salz in den Mund stecken.«

Auf dem Zuckerberg angekommen wurde die Salzameise schon von der Zuckerameise erwartet.

»Willkommen auf meinem Berg. Hier, probier mal ein bisschen Zucker und sieh, wie gut er schmeckt.«

Die Salzameise nahm etwas Zucker in den Mund.

»Hmmm, schmeckt genau so wie mein Salz«, bemerkte diese.

Verwundert über die Reaktion erwiderte die Zuckerameise:
»Bist du sicher? Zucker schmeckt ganz anders als Salz. Versuch es noch einmal.«

Die Salzameise nahm etwas mehr Zucker in den Mund, und nach einer Weile sagte sie: »Ja, genau der gleiche Geschmack wie mein Salz. Hier nennt ihr es Zucker, und dort, wo ich wohne, nennen wir es Salz. Es ist das Gleiche.«

Die Zuckerameise aber war sich sicher, dass Salz anders schmeckt als Zucker. Ihr war also völlig klar, dass da etwas nicht stimmte.

Eine Weile überlegte sie und sagte dann: »Mach mal den Mund auf, damit ich sehen kann, was drin ist.«

Als die Salzameise ihren Mund öffnete, war natürlich der große Salzklumpen zu erkennen.

»Da liegt das Problem. Nimm das Salz aus dem Mund und dann probier den Zucker noch mal«, empfahl die Zuckerameise.

Die Salzameise nahm nun den Salzklumpen aus dem Mund und probierte erneut den Zucker.

Endlich konnte sie die Süße schmecken.

»Das ist ja unglaublich!«, rief sie aus. »Es schmeckt so süß! Nie wieder gehe ich zu meinem Salzberg zurück.«

Im Leben müssen wir
einen Schritt gegangen sein,
um den nächsten zu gehen.
Erfolg ist die Fähigkeit,
uns weiterzuentwickeln,
zu lernen und zu wachsen.

Um dieses zu erreichen,
müssen wir das Gute mitnehmen,
und das zurücklassen,
was wir nicht brauchen.

Je besser uns das gelingt,
desto erfolgreicher sind wir.

Diese Geschichte zeigt auch, dass wir manchmal selbst unser größter Feind sind. Oft akzeptieren wir Dinge nicht, wie sie nun einmal sind und nehmen alles durch den uns eigenen Filter wahr.

Manche Menschen fragten mich: »Habe ich überhaupt eine Wahl? Ist nicht alles durch den Lauf der Sterne vorherbestimmt?« Als wären die Karten sowieso schon gelegt und als wärst nicht du derjenige, der Entscheidungen trifft.

Meine Antwort lautete: Nein, es sind nicht die Sterne, sondern unsere eigene Verwirrtheit führt zu schlechten Entscheidungen, und daher rühren auch die meisten unserer Probleme. Wenn wir unsere Anspruchshaltung verlassen, können wir die Dinge so sehen, wie sie wirklich sind. Erst dann sind wir frei in unseren Entscheidungen.

Wenn wir damit beginnen, bewusste Entscheidungen zu treffen, ist es, als würde ein Licht entfacht.

Und wenn der Schein des Lichtes noch so klein ist, können wir Dinge sehen, die in der Finsternis unsichtbar waren.

Bewusste Entscheidungen zu treffen
wird damit zu deiner Stärke,
deinem eigenen Licht,
das die Dunkelheit vertreibt.

Die Welt ist voller Sorgen,
aber genau so auch voller Freude.

Auch wenn eine dicke Schicht
grauer Wolken über uns hängt –
über diesen leuchtet der strahlend
blaue Himmel, und die Sonne scheint.

Frage dich, wo du sein willst?
Es ist ganz allein deine Entscheidung.

Die klugen Papageien

Es war einmal ein Mann, der liebte Papageien über alles. Eines Tages beschloss er, die klügsten Papageien der Welt zu züchten und kaufte zwei Papageieneier. Diese legte er in einen Brutkasten und wartete geduldig darauf, dass die Küken schlüpften. Er zog sie groß und brachte ihnen alles bei, was er wusste. Sie lernten Naturwissenschaft und Geschichte, und auch klassische Musikstücke spielte der Mann ihnen vor. Die beiden waren sehr gelehrig und verstanden schnell, was von ihnen verlangt wurde.

So wuchsen die Papageien heran und wussten im Lauf der Zeit mehr und mehr, und als sie ausgewachsen waren, waren sie so klug wie mancher Mensch nicht. Sie konnten zum Beispiel die Symphonien von Beethoven perfekt wiedergeben, sie kannten die Newton'schen Gesetze und alle möglichen komplizierten Formeln auswendig.

Eines Tages aber starb ihr Lehrer, und die beiden Papageien blieben allein im Haus zurück. Als die Verwandten des Mannes kamen, um seinen Nachlass zu ordnen, fand sich niemand, der sich um die Papageien kümmern wollte. So stellten sie den Käfig ans Fenster und öffneten die Käfigtür. Die beiden klugen Papageien hüpften heraus und flogen geschwind auf einen Baum vor dem Fenster. Sie kletterten von Ast zu Ast und kamen schließlich fast in der Baumspitze an, auf der ein fremder wilder Papagei saß.

Die beiden Klugen begannen eine Unterhaltung. »Wir sind sehr gebildete Papageien, wir verstehen etwas von Naturwissenschaft, von Literatur und auch von Musik«, ließen sie den wilden Papagei wissen.

Dieser war sichtlich beeindruckt, und die beiden prahlten immer weiter mit ihren Talenten und sagten Gedichte und Formeln auf.

Staunend verfolgte der wilde Papagei die Vorführung der beiden klugen Papageien. Sie wussten so viel und er so wenig.

Gerade als die beiden eine schwierige klassische Musikkomposition zum Besten gaben, sah der wilde Papagei aus dem Augenwinkel eine Katze am Fuß des Baumes sitzen. Sie hatte die Vögel erblickt und schickte sich an, den Stamm hinaufzuklettern. Der wilde Papagei fragte die beiden klugen Papageien: »Versteht ihr beiden denn auch etwas vom Fliegen?«

»Selbstverständlich. Der Luftdruck unter unseren Flügeln ist höher als darüber, und das befähigt uns zu fliegen«, erklärten sie großspurig.

»Nein, nein, nicht in der Theorie – ich meine, könnt ihr wirklich fliegen?«, fragte der wilde Papagei.

»Nein, aber wir wissen so vieles, da kommt es auf diese eine Kleinigkeit sicher nicht an«, erwiderten die beiden Papageien selbstbewusst.

In diesem Moment breitete der wilde Papagei seine Flügel aus und schwang sich in die Luft. Als er hoch über dem Baum schwebte, rief er den beiden klugen Vögeln zu: »Ihr wisst wirklich eine Menge, aber worauf es wirklich ankommt, davon habt ihr keine Ahnung. Ein gutes Leben euch!«

Erinnerst du dich noch daran, wie du gelernt hast, Fahrrad zu fahren?

»Treten, treten, treten, die Augen geradeaus und immer das Gleichgewicht halten!«
Diesen Satz hast du wahrscheinlich von demjenigen gehört, der damals versucht hat, dir das Radfahren beizubringen. Doch selbst dann, wenn du dich an diesen Rat erinnert hast, bist du umgefallen, immer wieder. So oft, bis du plötzlich eines Tages das Gleichgewicht halten konntest. Dein Gefühl dafür war geprägt, und du brauchtest keine Ratschläge mehr.

Die Geschichte von den Papageien und das Beispiel mit dem Fahrradfahren zeigen den Unterschied zwischen Theorie und Praxis. Wir leben in einem Zeitalter der Information. Nie gab es so viele Akademiker wie heute. Doch die globalen Probleme, mit denen wir konfrontiert sind, haben wir bisher mit ihrer Hilfe nicht lösen können. Es scheint, als würde alles immer komplizierter und problematischer.

Information und Wissen sind wichtig, doch für die wesentlichen Dinge im Leben brauchst du Gefühl. Wenn etwas für dich real werden soll, musst du es fühlen, damit du es in deinem Leben praktisch umsetzen kannst.

Wachstum lässt sich mit einem großen Segelschiff vergleichen. Du gehst an Deck, und von dort siehst du einen bestimmten Ausschnitt des Schiffes. Wenn du die Takelage hochsteigst, kannst du etwas weiter sehen. Wenn du noch ein bisschen höher steigst, weitet sich dein Blick erneut. Wenn du noch höher steigst, kommst du zum Ausguck ganz oben. Von dort aus hast du einen Blick auf die gesamte Umgebung des Schiffes.

Wachstum heißt also nicht,
etwas Neues zu erschaffen,
sondern Wachstum ist ein Prozess,
bei dem du lernst,
die Dinge klar zu sehen,
sie so zu sehen, wie sie sind.

FRIEDEN

Konflikte spielen sich auf drei Ebenen ab.
Zum einen zwischen zwei Ländern,
zum anderen zwischen zwei Personen,
und die dritte Ebene ist die im Inneren
des Menschen.

Innere Konflikte wiederum führen
zu zwischenmenschlichen Konflikten,
und diese verursachen Konflikte
zwischen Nationen.

Die Kriege der Welt und die Streitigkeiten unserer
Mitmenschen haben ihren Ursprung im Einzelnen.
Kriege können zeitweilig eingestellt werden, doch
solange der Konflikt im Menschen selbst nicht behoben
ist, wird er früher oder später den Krieg neu entfachen.

So ist der erste Schritt zum Frieden der, dass der
Einzelne Frieden in seinem Herzen hegt und pflegt.
Wenn genügend Menschen das tun, gibt es keine
Kriege mehr.

Frieden finden heißt nicht, hohe Berge zu besteigen und jemand zu werden, der keine Gefühle empfindet oder zum Ausdruck bringt. Man muss nur nach innen schauen. Echten Frieden findet man nirgendwo anders als in sich selbst.

Hast du Frieden mit dir geschlossen?

Das Schildkröten-Picknick

Eine Schildkrötenfamilie wollte einmal ein Picknick machen. Speisen und Getränke wurden vorbereitet, eine Decke zum Sitzen zusammengerollt und alles in einen Korb gepackt. So zogen sie los und suchten einen idealen Picknick-Platz.

Nach Schildkrötenart bewegten sie sich langsam voran, und so brauchten sie geraume Zeit, um die perfekte Stelle zu finden.

Sobald sie ihren Platz gefunden hatten, breiteten sie die Decke aus und verteilten die belegten Brote und die Getränke. »Oh nein«, rief Mutter Schildkröte, »ich habe den Flaschenöffner vergessen! Würdest du ihn bitte für mich holen?«, bat sie ihren ältesten Sohn.

»Ich gehe auf keinen Fall zurück!«, maulte der Sohn.

»Warum denn nicht?«, fragte sie ihn.

»Weil er mein Brot aufessen wird, wenn ich weg bin«, erwiderte er und zeigte auf seinen jüngeren Bruder.

»Er wird dein Brot nicht aufessen«, versicherte ihm die Mutter. »Ich verspreche es dir.«

Die Diskussion ging noch eine Weile hin und her, bis der älteste Sohn schließlich einlenkte und den Heimweg antrat. Eine ganze Woche verging, und der jüngere Bruder wurde langsam hungrig.

»Meinst du, mein Bruder kommt wirklich zurück? Ich habe Hunger und würde gerne das Brot essen«, sagte er und zeigte auf das Brot seines Bruders.

»Lass uns noch ein wenig warten«, erwiderte die Mutter.

Nach zwei weiteren Tagen war der jüngere Bruder völlig ausgehungert. »Ich sterbe vor Hunger! Kann ich das Brot jetzt essen?«

»Dein Bruder ist jetzt schon so lange weg – na gut, du darfst es essen«, sagte der Vater.

Der jüngere Bruder nahm sich das Brot und wollte gerade hineinbeißen, als der ältere Bruder hinter einem Baum hervorsprang, wo er sich die ganze Zeit versteckt hatte.

»Hab ich's doch gewusst! Es war mir klar, dass du mein Brot essen würdest!«

Genau das ist der Zustand der Welt. Es herrscht so viel Misstrauen zwischen Menschen und zwischen Nationen. Wir machen einander die Würde streitig, statt zu tun, was getan werden muss. Wir begegnen einander mit Skepsis und Argwohn. Statt mit vereinten Kräften die Probleme anzugehen, mit denen die Menschheit konfrontiert ist, zeigen wir gegenseitig mit Fingern aufeinander.

Die Systeme und Beweggründe der Menschen sind wichtiger geworden als der Mensch selbst.

Ich weise schon mein Leben lang auf den Frieden in unserem Inneren hin, den Frieden, den wir fühlen müssen, weil er das fehlende Bindeglied ist.

Wir sind gut in allem anderen. Wir haben eine Rakete auf den Mond geschossen, wir haben winzige Mobiltelefone entwickelt, wir haben Geld durch kleine Plastikkarten ersetzt, mit denen wir alles kaufen können. So viel technischer Fortschritt, aber innerer Frieden und Menschenwürde bleiben auf der Strecke.

Wir müssen alle unser inneres Verständnis dafür entwickeln und dann unser Bestes tun, um das Bewusstsein der Menschheit zu schärfen, damit wir mit vereinten Kräften die Probleme angehen können.

Als kleines Baby hast du geweint und geschrien, wenn du etwas brauchtest, und wenn du zufrieden warst, hast du gelächelt.
An deinen Grundbedürfnissen hat sich seitdem nichts geändert.

Mach dir dein Grundbedürfnis
nach Erfüllung bewusst.
Wenn du das zulässt,
hast du den ersten Schritt getan,
um Erfüllung zu finden.

Du wendest eine Menge Energie auf, um dich wohlzufühlen. Um nachts bequem zu liegen, besorgst du dir ein schönes Bett. Wenn du dir Schuhe kaufst, probierst du sie an und läufst im Laden umher, um sicher zu sein, dass sie gut passen. Wir alle bemühen uns um körperliches Wohlbefinden.

Investieren wir aber auch in unser inneres Wohlbefinden? Oder gewöhnen wir uns einfach daran, uns leer zu fühlen? Verwirrung zu fühlen? Wütend zu sein? Gewöhnen wir uns daran, einfach nur über die Runden zu kommen, anstatt aufzublühen?

Das wäre, als würden wir Schuhe anprobieren, aus deren Sohle ein Nagel ragt, und sagen: »Sie werden mit der Zeit schon passen.«

Wenn wir etwas Heißes anfassen, ist unser Körper darauf programmiert, dass wir die Hand zurückziehen – ein angeborener Schutzinstinkt.

Besitzen wir nicht ebenfalls einen Instinkt, der uns zu innerer Zufriedenheit drängt?

Wenn sich bei dir der Wunsch, dich innerlich wohlzufühlen, ganz natürlich einstellt, solltest du ihm nachgehen.

In uns ist ein Garten. Ein Garten, der von dem Chaos der Welt unberührt ist. Ein Garten, in den niemand eindringen und wo niemand stören kann.
In der Welt um uns herum gibt es Liebe und Hass, Spannung und Geheimnis. Das tägliche Drama.

Doch es gibt einen Ort im Inneren, wo du sein kannst, wie du bist. Keine Vorspiegelungen, keine Lügen. Ein Ort, an dem du ganz ungezwungen sein kannst.
Ein solcher Garten existiert in jedem.

Vergiss alle Titel und Rollen,
die du tagtäglich spielst –
in deinem inneren Garten
kannst du ganz bei dir,
ganz du selbst sein.

Selbst wenn dir deine Freiheit genommen und dir etwas Furchtbares passieren würde, so kann dir doch nichts diese kostbare Sache nehmen, die in deinem Inneren ist. Ob du dich darum bemühst, dies in deinem Inneren zu erkennen, ist deine eigene Entscheidung.

Vielleicht kommst du in deinem Leben an einen Punkt, an dem du sagst: »Das war's, ich weiß nicht weiter.« Erinnere dich in diesem Moment daran, dass das Wichtigste immer noch in deinem Inneren ist und immer dort sein wird.

Was du in dir trägst, das gehört wirklich dir.

LEBEN

Wofür lebst du?
Für das Gestern,
das nie wiederkehren wird?
Oder für das Morgen,
das nie kommen wird?

Der einzige Ort,
für den es sich lohnt zu leben,
ist das Hier und Jetzt.

Wie oft schauen wir jeden Tag auf die Uhr?
Verstehen wir, was die Uhr uns sagen will?
Sie sagt uns, dass wir nicht ewig hier sein werden.
Die Zeit bewegt sich nur in eine Richtung,
und wenn unsere Zeit abgelaufen ist,
gibt es keine Möglichkeit,
sie zu verlängern.

Was bedeutet das für dich?

26.645 TAGE

Die durchschnittliche Lebenserwartung
beträgt 73 Jahre.
Das sind 26.645 Tage.

Wie wirst du den heutigen Tag verbringen?

Ein Baum schaut nicht auf den Kalender.
Bäume sagen nicht zueinander: »Morgen ist der erste
Frühlingstag. Lasst uns feiern! Seid ihr bereit zu
blühen?«
Der Baum folgt einfach dem natürlichen Lauf der
Jahreszeiten, ihrem Kommen und Gehen.

Auch in deinem Leben soll der Frühling einziehen, du
sollst blühen und feiern, dass du heute am Leben bist.

Wenn die Jahreszeit kommt,
wird der Baum blühen,
und wenn deine Zeit kommt,
ergreife die Gelegenheit.

Lebe diesen Moment

Oft hört man, das Leben sei ein Geschenk. Doch es fällt uns manchmal schwer, das so zu sehen.

Wir hören, das Leben sei kostbar. Aber im täglichen Hamsterrad gerät das leicht in Vergessenheit.

Jeden Tag klingelt der Wecker, und der Alltag nimmt seinen Lauf. Wir gehen in Gedanken durch, was wir tun müssen.

»Ich muss zur Bushaltestelle, ich muss den Zug kriegen, ich muss pünktlich im Büro sein.«

All diese Zwänge, die wir über das Leben stellen.

Manche Leute sind immer in Eile. »Schneller, schneller!«

Doch wozu beeilst du dich eigentlich? Weißt du nicht, was dich am Ende dieser Reise erwartet?

Zeit ist eine interessante Sache. Mal vergeht sie langsam, mal vergeht sie schnell. Aber sie lässt dich selbst nicht langsamer oder schneller sein.
Du sitzt in diesem kleinen Boot, und es bewegt sich in seinem eigenen Tempo auf dem Fluss.
Der Sinn des Lebens liegt nicht darin, zu seinem Ende zu gelangen, er liegt im Jetzt.
Darin, zu fühlen, was im Inneren ist.
Darin, zu genießen, in jedem Sekundenbruchteil.

Lebe diesen Moment, jeden Moment.

Wenn du verstehen willst, warum du lebst, konzentriere dich auf das Hier und Jetzt.
Dein Leben, deine Erfüllung, dein Dasein – all das ist im Hier und Jetzt zu Hause.

Wenn du glaubst, dein Leben steckt in einer Sackgasse, dann kehre um. Nimm es als Ausgangspunkt für einen neuen Weg.
Wenn du dein Leben so leben kannst, dann kann jeder Tag erfüllend sein. Selbst wenn alles hoffnungslos scheint, kannst du etwas Schönes an jedem Tag finden.

Dein Tun hat zu den Ergebnissen geführt,
die du jetzt in deinem Leben siehst.

Wenn dir das, was du siehst, nicht gefällt,
brauchst du eine neue Strategie.

Des Königs Süßspeisen

Der König schickte nach seinem Koch. »Heute sollst du mir zum Nachtisch die köstlichste Süßspeise zubereiten«, sprach er. Der Koch nickte ergeben und kehrte in seine Küche zurück.

Eine solche Forderung war für einen Koch nicht unzumutbar, doch sie wiederholte sich von nun an täglich. Jeden Abend verlangte der König nach der köstlichsten Nachspeise. Bald wusste sich der Koch keinen Rat mehr. Was immer er dem König zum Nachtmahl zubereitete, der König war nie zufrieden.

»Die köstlichste Nachspeise« – diese Worte hörte der Koch nun Tag für Tag, Abend für Abend.

Eines Tages aber nahm er sich fest vor, dem König ein bedeutungsvolles Erlebnis zu bescheren.

Und bedeutungsvoll wurde es für den König in der Tat!

Nach dem Abendessen bekam er die üppigste Nachspeise aufgetischt. Der ganze Palast duftete danach, ja die ganze Umgebung war von ihrem appetitlichen Duft erfüllt.

Jedem, dem der Duft in die Nase stieg, lief das Wasser im Mund zusammen. An diesem Abend hatte der Koch sich wirklich selbst übertroffen.

Während der König in der Nachspeise schwelgte, bemerkte er die Mäuse, die der wunderbare Duft in den königlichen Speisesaal gelockt hatte. Sie waren überall. Sie trippelten über den Tisch, huschten über die Gardinen, und nicht einmal der Bart des Königs war vor ihnen sicher. An jeder Stelle suchten sie nach den kleinsten Reststückchen des Leckerbissens.

Eine königliche Katastrophe. Es wimmelte nur so von Mäusen, auf dem Teppich, auf den Gemälden und auf den Wandbehängen, und es kamen immer noch mehr herbeigetrippelt.

Eine Krisensitzung musste einberufen werden.

Der König räusperte sich. »Was sollen wir tun? Wir haben eine Mäuseplage. Wer eine Idee hat, möge sprechen.«

Die Minister berieten sich und verkündeten anschließend:

»Königliche Hoheit, wir sind zu dem Schluss gekommen, dass wir die Katzen holen sollten, um die Mäuse zu vertreiben.«

Das schien ein vernünftiger Vorschlag.

Der General wurde gerufen und beauftragt, alle Katzen des Königreiches unverzüglich in den Palast zu bringen.

Bald trafen die Katzen ein. Damit war das Mäuseproblem gelöst, doch nun war der Palast voller Katzen.

Katzen, Katzen überall. Sie zerkratzten alles, belagerten die königlichen Möbel, wetzten ihre Krallen an den königlichen Gardinen. Das Miauen und Schnurren war ohrenbetäubend.

Es war Zeit für eine weitere Krisensitzung.

Der König ergriff wieder das Wort: »Nun, irgendwelche Ideen?« Wieder wurde hitzig diskutiert.

Schließlich verkündeten die Minister: »Königliche Hoheit, wir empfehlen, die Hunde herzubringen, denn Katzen mögen keine Hunde.«

73

Der General wurde gerufen und beauftragt, alle Hunde des Königreichs unverzüglich in den Palast zu bringen.

Bald hatten die Hunde die Katzen vertrieben. Nun war Gebell überall, und überhaupt benahmen sich die Hunde etwas weniger dezent als die Katzen.

Eine weitere Sitzung wurde einberufen. Da Hunde Angst vor Tigern haben, wurde diesmal beschlossen, die Tiger des Königreichs in den Palast zu holen.

Schon bald verschwanden die Hunde, und mehr und mehr Tiger füllten die königlichen Räume.

Dies stellte erneut ein ernstes Problem dar.

Die Tiger gebärdeten sich wild, und aus Angst, von ihnen angegriffen zu werden, wagte keiner mehr, sich zu rühren.

Erneut wurde eine Sitzung einberufen und beschlossen, die Elefanten zu holen, da Tiger bekanntlich Angst vor Elefanten haben.

Kaum trafen die Elefanten ein, da ergriffen die Tiger die Flucht. Nun war das Chaos komplett. Der gesamte Palast war von Elefanten bevölkert, man wusste nicht mehr wohin.

Die Elefanten richteten große Verwüstung an, es herrschten unerträgliche Zustände.

Bald schon war der Palast voller Elefantenkot, der einen unbeschreiblichen Gestank verursachte.

Wieder einmal war es Zeit für eine Sitzung. Diesmal wurde beschlossen, die Mäuse zu holen, denn wenn Elefanten sich vor etwas fürchten, dann vor Mäusen.

Der General schritt zur Tat. Die Mäuse kamen, die Elefanten gingen, und alles war wieder wie früher.

Nun wurde dem König klar, dass er selbst das ganze Fiasko heraufbeschworen hatte. Wäre er nicht so maßlos gewesen, dann wäre all das nie geschehen.

Wenn ein Problem auftaucht, wollen wir schnell Abhilfe schaffen, und oft denken wir nicht gründlich genug darüber nach. Wenn wir die Natur des Problems verkennen, erzeugen wir mit unseren spontanen Lösungen allzu oft noch größere Probleme. Damit verschwenden wir letzten Endes unsere Zeit und wertvolle Reserven.

Was sind die Ursachen der Probleme, mit denen du gerade in deinem Leben konfrontiert bist?

DANKBARKEIT

Mit dem ersten Atemzug begann deine Lebensreise. Das Kommen und Gehen des Atems hat seitdem nicht aufgehört. Es wird dich dein Leben lang begleiten, bis zum letzten Moment.

Sei dankbar, dass du am Leben bist.
Freue dich, dass du da bist.

Atem bringt dir Leben.
Jeder Atemzug ist ein Geschenk.
Folge dem Atem, wie er in dich hineinströmt.

Den eigenen Atem zu spüren,
wie er Leben bringt,
darin liegen Trost und Erfüllung.

Wenn du dich einmal klein
und unbedeutend fühlst,
dann erinnere dich an
das Wunder des Atems,
das in deinem Inneren vor sich geht.

Wenn du dich darum bemühst,
können die Erinnerung an den Atem
und die Dankbarkeit dafür
zur Gewohnheit werden.

Lass nichts zwischen dich und deine Dankbarkeit für das Leben kommen. Wenn in dir ein Konflikt ist, beende ihn. Konzentriere dich auf die einfache Freude am Leben, das einfache Geschenk des Atems.

Eine kleine Bemühung in dieser Richtung kann eine wunderbare Klarheit bringen und deine Lebenslust neu entfachen.

Du besitzt eine erstaunliche Begabung dafür,
dankbar zu sein.
Gemeint ist hier nicht die Art von Dankbarkeit,
die du verspürst, wenn man dir die Tür aufhält
und du »Dankeschön« sagst.
Das ist die *eine* Art von Dankbarkeit.
Doch es gibt noch eine weitere.

Wenn deine Fähigkeit,
Dankbarkeit zu spüren,
sich auf dein Dasein richtet,
auf das Kommen und Gehen
deines Atems, dann entsteht
eine einzigartige Form
von Dankbarkeit.

Verstehst du deine Begabung zu fühlen, deine Begabung, Antworten in dir zu finden, deine Begabung, erfüllt zu sein, dann spürst du Dankbarkeit in dir.

Unsere Fähigkeit, Dankbarkeit zu fühlen, muss nicht optimiert werden. Wir müssen nur erkennen, dass sie eine der größten Stärken ist, die wir Menschen besitzen.

Viele Menschen denken: »Ich brauche dies oder hätte gern doch jenes. Dann wäre ich glücklich.«
Doch nur wenige denken: »Ich bin glücklich, weil ich lebe. In diesem Moment lebe.«

Wenn du nicht verstehst,
dass das Leben an sich
der Ursprung des Glücks ist,
dann kann dein Wissen
noch so groß sein,
es wird dir stets ein
wichtiges Puzzleteil fehlen.

Was du suchst,
ist in dir.
Alle Antworten,
die du suchst,
sind schon in dir.

Der alte Mann und die Milch

Es war einmal ein reicher alter Mann, der vor dem Zubettgehen gern einen Becher warme Milch trank. So bereitete
ihm sein Diener abends immer die Milch zu und brachte
sie ihm ans Bett.

Jedes Mal dachte der Diener, wie wohlschmeckend die
Milch doch aussah.

Eines Tages beschloss er, die Milch zu probieren – nur ein
Viertel des Bechers – und alles wieder mit warmem Wasser
aufzufüllen.

Doch als der alte Mann seine Milch trank, bemerkte er die
Veränderung und dachte bei sich: »Etwas ist anders als
sonst, es schmeckt irgendwie wässrig. Ob mich mein Diener hinters Licht führt?«

Und so stellte der alte Mann einen zweiten Diener ein, der
den ersten im Auge behalten sollte.

Am Abend bereitete der erste Diener wie gewohnt die
Milch zu und zweigte erneut ein Viertel für sich ab.

Dies sah der zweite Diener und stellte ihn zur Rede: »Was

ist mit mir? Unser Herr hat mich eingestellt, ein Auge auf dich zu haben, doch wenn du mir auch ein Viertel von der Milch abgibst, werde ich ihm nichts verraten.«

An diesem Abend schmeckte natürlich die Milch des alten Mannes noch wässriger. Also stellte er einen dritten Diener ein, um den ersten beiden auf die Finger zu schauen.

Als die beiden Diener sich wieder ihren Anteil abzweigten, sagte der dritte Diener: »Und was ist mit mir? Ich werde den Mund halten, wenn ihr mir auch etwas abgebt.«

An diesem Abend bestand die Milch des alten Mannes aus drei Vierteln Wasser. Verärgert stellte der alte Mann einen weiteren Diener ein, dem er die strikte Anweisung erteilte, die anderen drei zu überwachen.

Als sich die drei Diener am Abend ihre Viertel genehmigten, fragte der vierte: »Und was ist mit mir?«

Aber die anderen sagten: »Wenn du dir auch noch ein Viertel nimmst, dann bleibt für den alten Mann gar nichts mehr übrig.«

Der vierte Diener erwiderte: »Ich habe eine Idee ...«

Abends lag der alte Mann in seinem Bett und wartete auf seine Milch. Doch vergebens. Irgendwann schlief er darüber ein. Da schlich sich der vierte Diener in das Zimmer des alten Mannes, hatte etwas Schaum vom Boden des leeren Milchbechers abgenommen und strich ihn dem alten Mann vorsichtig um den Mund.

Als dieser am nächsten Morgen aufwachte, war er sehr wütend und rief alle vier Diener zu sich.

»Ich bezahle euch vier dafür, dass ihr mir vor dem Zubettgehen einen Becher warme Milch bringt, und ihr bestehlt mich. Ihr habt mir gestern Abend keine Milch gebracht.«

»Wir haben euch die Milch gebracht, Herr«, versicherten ihm seine Diener. »Glaubt uns. Ihr braucht nur in den Spiegel zu schauen.«

Der alte Mann ging in sein Badezimmer und schaute in den Spiegel. Er sah seinen Milchbart und wurde unsicher: »Wer weiß, vielleicht habe ich tatsächlich gestern Abend meine Milch getrunken.«

Wahres Glück und ehrliche Dankbarkeit kommen von innen. Sie sind nicht von Äußerlichkeiten abhängig, wie etwa davon, in einer erfolgreichen Firma zu arbeiten oder ein schönes Haus zu bewohnen. So etwas ist angenehm, doch für Glück und Dankbarkeit gibt es kein Patentrezept.

Sei nicht wie der alte Mann in der Geschichte und falle auf eine täuschende Fassade herein. Wenn du Dankbarkeit in dir spüren kannst, dann weißt du, dass sie echt ist, und du weißt, wie viel sie dir bedeutet.

Wenn du dich von etwas berührt fühlst, löst das ein
Gefühl der Dankbarkeit in dir aus. Wenn du diese
Dankbarkeit fühlen kannst, entfacht das deine Lust zu
leben. Diese Lebenslust in dir lässt dich auch Mitgefühl
für andere spüren, und sie lässt dich wachsen.

Berührt zu werden, Dankbarkeit und
Lebenslust zu verspüren, diese Gefühle
bringen Empathie und Stärke.
Auch du kannst das erleben.
Wenn du diese Gefühle entwickeln kannst,
dann werden Zweifel, Hass und Wut
dir fremd sein.

DIE SAAT

Alles in deinem Leben
beginnt mit den Samen,
die du säst.

Entscheide dich,
welche Samen du säen
möchtest?

Am Anfang unseres Lebens bekommen wir verschiedene Samenkörner. Da gibt es den Samen der Güte und den des Zorns. Auch die Samen von Liebe, Verständnis, Zweifel und Verwirrung haben wir in uns.

Die Samen, die wir in die Erde unseres Lebens pflanzen, bestimmen, welche Bäume wir in unserem Garten sehen werden. Manche tragen wunderschöne Blüten, andere sondern ein unangenehmes, klebriges Harz ab. Sie alle beginnen jedoch als kleine Samenkörner. Erst wenn sie sprießen und wachsen, offenbaren sie ihre besonderen Eigenschaften. Einige werden wir mögen, andere nicht.

Du allein entscheidest,
welche Samen du pflanzt
und pflegst in deinem Leben.

Der Bogenschütze und der Ölhändler

In früheren Zeiten verdiente so mancher seinen Lebensunterhalt damit, dass er von Ort zu Ort reiste und seine Waren oder Künste auf Märkten feilbot.

Zu diesen Reisenden gehörte auch ein Bogenschütze. Von Kindesbeinen an hatte er sich in der Kunst des Bogenschießens geübt und es darin zur Meisterschaft gebracht. Er trat auf Märkten auf oder vor Dorfbewohnern, für die jede Art von Unterhaltung eine willkommene Abwechslung war.

Der Bogenschütze stellte eine kleine Zielscheibe auf. Nachdem er ins Schwarze getroffen hatte, schoss er einen weiteren Pfeil ab und spaltete mit diesem den ersten Pfeil, oder er beeindruckte sein Publikum mit gezielten Schüssen aus weiter Entfernung.

Die Zuschauer applaudierten und feuerten den Schützen zu weiteren scheinbar unmöglichen Kunststücken an.

Dies ging so Monat für Monat, Jahr für Jahr, und der Bogenschütze erwarb sich nicht nur einen Ruf als Meister seines Faches, sondern begann auch, sich eine Menge auf seine Künste einzubilden.

Bis eines Tages während einer Vorstellung auf einem Jahrmarkt etwas Unerwartetes geschah:

Eine riesige Menschenmenge hatte sich versammelt, um dem Bogenschützen zuzuschauen. Alle klatschten und jubelten ihm zu. Doch als der Applaus nachließ, hörte er eine leise Stimme aus den hinteren Reihen: »Das ist doch alles reine Übungssache.«

Zunächst ignorierte er diese Stimme. »Das ist bloß irgendein Narr«, dachte er, während er sich auf den nächsten Schuss konzentrierte, mit dem er erneut Jubel und Applaus erntete. Und wieder war die gleiche irritierende Bemerkung zu hören: »Ach, das ist doch alles reine Übungssache.«

Ein weiteres Mal konzentrierte sich nun der Bogenschütze, mit dem Ziel, seine Zuschauer weiter zu beeindrucken. Doch der Zwischenruf hatte ihn aufgeregt, und so brach er seine Vorführung frühzeitig ab. Er machte sich auf die

Suche nach dem Mann, der ihn mit seinen Bemerkungen so aus der Fassung gebracht hatte.

Am Rande der Zuschauermenge sah er schließlich einen Ölhändler sitzen, der neben sich zwei Fässer mit Öl und eine Reihe leerer Flaschen stehen hatte.

»He, du, warst du das? Hast du gesagt, dass das alles nur Übungssache ist?«, verlangte der Bogenschütze zu wissen.

»Ja, das war ich«, erwiderte der Händler.

»Was meinst du damit, dass alles nur eine Sache der Übung ist? Weißt du nicht, dass ich der Beste bin? Einen Besseren als mich gibt es nicht. Keiner kann sich mit mir messen.«

»Sei nicht sauer«, sagte der Händler zu ihm. »Du hast fleißig geübt, und darum bist du gut geworden. Hättest du nicht geübt, wärst du nicht der, der du bist.«

»Wäre es nur eine Sache der Übung, dann könnte das ja jeder«, erwiderte der Bogenschütze. »Doch nur ich besitze diese besondere Gabe.«

»Komm, ich möchte dir gern etwas zeigen«, sagte da der Händler und zog eine Münze aus der Tasche. Diese hatte ein Loch in der Mitte. Er nahm eine leere Flasche und legte die Münze auf den Flaschenhals, dann hob er das große, schwere Ölfass und goss das Öl durch das Loch in die Flasche, ohne auch nur einen einzigen Tropfen zu verschütten. Nun wandte er sich an den Bogenschützen und forderte ihn auf: »Jetzt versuch du es.«

In diesem Moment wurde dem Bogenschützen klar, dass es wirklich eine Sache der Übung war, denn es war ihm völlig unmöglich, das zustande zu bringen. Mit bestürzter, trauriger Miene sah er den Händler an.

»Mein lieber Bogenschütze«, sagte der Ölhändler zu ihm, »du übst dich jeden Tag im Bogenschießen, und darum bist du gut darin. Ich übe mich jeden Tag im Ölgießen, und darin bin ich gut. Also du siehst: Alles ist wirklich eine Sache der Übung.«

Manche Menschen verbringen viel Zeit damit, gereizt zu sein. Streit mit der Familie ärgert sie, eine Rüge vom Chef macht ihnen schlechte Laune, alle möglichen Dinge verärgern sie.
Das Problem dabei ist, wenn du dich täglich im Gereiztsein übst, dann wirst du ein Experte darin.
Denn in allem, was du täglich tust, wirst du gut.
Wenn du dich in Verständnis übst oder auch in Wut, du wirst diese Fähigkeiten vervollkommnen. Wenn wir unsere Zeit in Unbewusstheit verbringen, wird uns dies zur zweiten Natur.

Worin willst du es in deinem Leben zur Meisterschaft bringen?

Wenn die Wüste blüht

Die Sahara ist ein unwirtlicher Ort. Sie ist trocken und staubig, die Landschaft karg und eintönig. Der Wind weht und dörrt Sand und Erde aus, unbarmherzig brennt die Sonne den letzten Rest Feuchtigkeit weg und macht den Boden trocken und hart. An manchen Stellen kann nichts wachsen – würde man denken – es finden sich keine Spuren von Leben.

Dennoch warten dicht unter der Oberfläche zahllose Samen auf eine Chance, warten auf den Regen. Manchmal können zehn Jahre vergehen, ohne dass ein einziger Tropfen fällt. Kein Anzeichen von Regen, keine Aussicht darauf, dass er jemals kommen wird.

Unter solchen Umständen ist es sicher nicht leicht, die Hoffnung aufrechtzuerhalten und weiter geduldig zu warten, doch diese winzigen Samenkörner geben die Hoffnung nie auf.

Sie warten in einem Zustand der ständigen Bereitschaft: Sobald der erste Tropfen fällt, springen sie auf.

Dann, eines Tages, ziehen schwere Wolken auf, und die Luftfeuchtigkeit steigt. Fernes Donnergrollen kündigt den kommenden Regen an. Mit zunehmender Feuchtigkeit verbreitet sich ein süßlicher Duft.

Schon fällt der erste Tropfen, dann der zweite, und bald regnet es in Strömen. Das Wasser sickert tief in die Erde, und die Samen, die so lange gewartet haben, gehen auf und wachsen.

Bald erstrahlt die Wüste in leuchtenden Rot-, Blau- und Orangetönen, in denen die Blumen sich zeigen.

Eine Wüste in voller Blüte quillt über vor Leben und Schönheit.

Die Samen haben keine Ausreden dafür, warum sie bislang die Gelegenheit nicht ergreifen konnten zu sprießen, sie sagen nicht: »Ich dachte, der Regen kommt erst nächste Woche.«
In einem Zustand ständiger Bereitschaft warten sie auf ihre Chance.

Auch wir haben Samenkörner in uns,
die geduldig darauf warten aufzublühen.
Der Samen der Erfüllung,
der auf den Regen der Klarheit wartet.
Auf deine Entscheidung,
dass du erfüllt sein willst.
Wenn du diese Entscheidung treffen
und dein Handeln danach ausrichten kannst,
dann werden sich die in dir schlummernden
Samen in all ihrer Pracht entfalten.

Eine Krankheit nagt an der Menschheit. Ist man erst einmal von ihr befallen, ist sie schwer zu heilen. Es ist die Krankheit der Unbewusstheit – sich seines Lebens nicht bewusst zu sein.

Überall in der Welt sage ich den Menschen: »Freiheit liegt in deinem Inneren.«
Ich spreche auch in Gefängnissen über diese Freiheit, mit Menschen, die in unseren Augen alles andere als frei sind.

Was ist also Freiheit?
Wenn du dieses Gefühl spüren willst, dann musst du die Krankheit der Unbewusstheit heilen.

Es gibt ein Heilmittel: den Wert deines Daseins erkennen.
Erkennen, wie kostbar es ist.
Dann kannst du, wo du auch bist, die wahre Freiheit, die in deinem Inneren ist, erleben.

So stark wie Wasser

Ein Fluss fließt frei und ungehindert. Er fragt nicht, wohin er fließen soll, er findet den besten Weg. Auf diesem Weg kommt er an einem Felsen vorbei. Dieser sagt zum Wasser: »Ich werde nicht weichen, du musst um mich herumfließen.«

Bescheiden antwortet das Wasser: »Gut, ich werde meinen Lauf ändern.«

Der Felsen sieht sich als Sieger, doch er kennt die wahre Stärke des Wassers nicht.

Das Wasser ist beharrlich. Nach und nach trägt es den Felsen ab. Mit der Zeit ist der Felsen verschwunden, an seiner Stelle fließt nun der Fluss.

Die Schluchten zeugen von der Stärke des Wassers. In aller Bescheidenheit gibt das Wasser niemals auf. Es fließt weiter und trägt stetig und langsam den Felsen ab. Am Ende ergibt sich das massive Gestein dem sanften Wasser.

Das Wasser verwandelt den starren Stein zu Sand und spült ihn fort.

Finde den Traum,
der dir am wichtigsten ist.

Ist es dir wichtig,
den höchsten Berg zu besteigen,
oder möchtest du erfüllt leben?

Wenn dein Herz vor Dankbarkeit überfließt, bringt das ein unglaubliches Glücksgefühl mit sich.

Wenn du verstehst und akzeptierst, was kostbar ist, gibt dir das ein gutes Gefühl.

Wenn du nicht zwischen Gestern und Morgen hin- und hergerissen, sondern im Hier und Jetzt verwurzelt bist, fühlst du dich wohl.

Wenn du nicht auf Theorien oder Formeln oder Glauben baust, sondern auf das feste Fundament der inneren Selbsterkenntnis, geht es dir gut.

Wenn du weißt, dass der größte Freund immer bei dir ist, in deinem Inneren, fühlt sich das sehr gut an.

Das Wichtigste in deinem Leben ist, dich wirklich innerlich gut zu fühlen.

Fühle das Leben, sei dankbar
und lass dein Herz voller Freude sein.
Dann fängst du wirklich an zu leben.

ZWÖLF WEISHEITEN, DIE GLÜCKLICH MACHEN

Wenn du ein anderer Mensch werden willst, ändere dich von innen heraus, tu es für dich und nicht für dein Gegenüber.

Ein glückliches Leben verlangt, dass du bewusste und klare Entscheidungen triffst. Du allein hast die Wahl.

Bevor du dich einem äußeren Konflikt hingibst, löse deinen inneren Konflikt und baue eine friedliche Beziehung mit dir selbst auf.

Werde Experte darin, dich innerlich wohl zu fühlen. Übe diese Fähigkeit täglich, und die Veränderung wird dich glücklich machen.

Gib deinen Kindern eine gute Umgebung,
biete ihnen Unterstützung und Liebe,
so dass sie in entscheidenden
Lebensmomenten die richtige Wahl
treffen können.

Wenn du deine Familie glücklich
machen willst, nimm dir Zeit
zuzuhören, denn darin liegt die Kraft
des Glücks.

Bemühe dich zu überlegen,
was du sagst, welche Worte du wählst,
denn ein Mal gesagt, sind sie nicht
zurückzuholen.

Nur wenn du in dir selbst Frieden
spürst, kannst du erfüllende,
zwischenmenschliche Beziehungen
haben, ein guter Partner, eine gute
Freundin, eine glückliche Mutter sein.

Wenn du Angst hast, werde dir dieses
Gefühls bewusst und verändere
es durch dein eigenes Handeln.
Setz auf deine Energie.

In schweren Zeiten, in denen die
Probleme einfach nicht mehr aufhören
wollen, sag dir täglich: Geh weiter,
bewege dich, verändere dich
und lebe den Augenblick.

Der Frieden der Welt braucht Verhandlungen; Kriege dürfen nirgendwo eine Option sein; einen anderen Menschen zu töten ist nicht akzeptabel, aus welchem Beweggrund auch immer.

Bewahre deine Träume und Ziele, denn nur sie geben dir Begeisterung, Kreativität und letztlich Frieden.

Die zwölf Weisheiten wurden für diese deutsche Ausgabe aus Gesprächen Prem Rawats mit seinen Zuhörern gefiltert.

Bibliografische Information der Deutschen Nationalbibliothek
Die Deutsche Nationalbibliothek verzeichnet diese Publikation
in der Deutschen Nationalbibliografie; detaillierte bibliografische
Daten sind im Internet über https://portal.dnb.de abrufbar.

FSC® www.fsc.org

MIX
Papier aus verantwor-
tungsvollen Quellen
FSC® C084279

klimaneutral
powered by ClimatePartner°

Druck | ID 12559-1708-1001

Verlagsgruppe Random House FSC® N001967

Originalausgabe: »When the desert blooms«,
Copyright © Prem Rawat 2015

2. Auflage, 2018
Copyright © 2018 Gütersloher Verlagshaus, Gütersloh,
in der Verlagsgruppe Random House GmbH,
Neumarkter Str. 28, 81673 München

Umschlaggestaltung: Gute Botschafter GmbH, Haltern am See
Umschlagmotiv: © Nataliako/shutterstock
Illustrationen im Innenteil: © Aya Shiroi
Druck und Bindung: Print Consult, München
ISBN 978-3-579-08703-0
www.gtvh.de